Schmidt   Ach Du Neiße

ePub 2019

Impressum

1. Aufl. deutsche Ausgabe Sept. 2019, epubli
Inhalte und Satz: Carsten Schmidt
Gesetzt in: Garamond

Autorenfoto: © Robert Oswald, Wien
Originaltitel: Ach Du Neiße!

Titel-Grafik, Umschlaggestaltung: C. Schmidt

Printed in Germany

Carsten Schmidt

Ach Du Neiße !

Görlitz im Selbstversuch

Gedichtsammlung

Only

when it is dark enough

can you see the stars

M. L. King

argumentum

nox

nix

lux

post scriptum

nox

Betonritt

Vor fünf herausgesprungen
dem Wachsein Minuten Schlafes abgerungen,
gepackt, zerlegt, entpackt, unentwegt
im schlummernden Neujahrsfriedrichshain

Alles bebt hier, stapelt und klebt
die Helfermenge wartet und steht
     wartet auf dich
und du fährst zum Lastenmieter
wo Dieseldromedare ihrer Reiter harren
und wo gar nichts geht.

Das Lastentier, seit Wochen gebucht,
nicht gefunden im Hof – endlos gesucht
Nein, ein Bein wird's wohl sein,
das tat ihm weh,
drum musst es zum Doktor,
ob ich mal nach ihm seh?

Doch die Helfermenge steht und wartet

    auf dich

    Hast du's noch nicht?

Kommen S', ich fahr Sie zum anderen Hof,

ein Ersatz wird schon da sein, gewiss,

    steigen S' ein

Im anderen Hof eine andere Schlange

ein einzelnes Tier noch zu haben

Verhandlung, Anwandlung, ein Telefon

Und die Helfermenge steht und wartet

    auf dich

Die Helfermenge ruft an und fragt:

    Beeilst du dich nicht?

Auf den Bock rauf heemezu rammeln,

Die Wohnungsinnereien auf der Straße im Schnee

Und die Helfermenge steht und wartet

    auf dich

Die Helfermenge schielt zu dir und spricht:

    Eher ging's nicht?

Rawumm, alles hoch,

in den Bauch des Getiers,

weiter, doch Vorsicht, weiter, gib mir, halt fest, schnür an, lass
los, lass mich, ich komm ran, weiter, mehr, schneller, gib her,
hast du's?, hast du's?, sicher? hier, das kommt da hin, nicht hier,
da hin, nimm, gib, nimm, gib, zieh – halt, Schmidt – das kommt
gar nicht mit – hier, heb es rauf, pass auf

schnauf

Das Dromedar verdaut

Gedrängel, alles laut auf der eisigen Autobahn

Drängelwahn

Riesiges Viech, riesige Reifen,

riesiger Kasten, fahr zwischen den Streifen

Hase und Igel,

der Igel sind viele

und der Hase kann nicht gewinnen.

Knapp achtzig reitet das Dromedar,

Und die Helfermenge steht längst schon da.

Beim Bahnhof endlose Kreisverkehre

Vorsicht, Getier,

für Diesel und Ehre

Die Helfermenge steht und wartet

      nur auf dich

mit verschränkten, frierenden Armen

Pass auf, rauf, heb es, das sollte doch gar nicht mit, Schmidt,
halt, zieh, gib, nimm, gib, nimm, nicht da hin, hier hin kommt
das, hier, sicher? hast du's? hast du's? gib her, schneller, mehr,
weiter, ran, ich komm ran, lass mich, los, lass los, schnür ab, halt
fest, mach los, gib mir, weiter, doch Vorsicht, weiter.

Alle scheinen froh,

juchzen „endlich geschafft"

und du denkst: Hä?

Nichts, nichts ist geschafft, ist einfach nur hier.

Bekannte und Unbekannte packen an,

so, jetzt noch die Leiter, heißt es erschreckend heiter

welche Leiter?

Na die müssen wir holen.

Rauf auf den Bock,

schon ganz ohne

Beim Bahnhof endlose Kreisverkehre

Vorsicht, Getier,

für Diesel und Ehre

Rein mit der Leiter

rauf auf den Bock,

draußen längst dunkel,

genug, genug doch vom

Dromedargeschunkel

Ran, vors Gehöft, dann

ein Geschramm am Heck

Und die Helfermenge fragt unverzagt

was war das ?

Und deine Hände geh'n zur Stirn,

du schaust nicht hin, zwanzig Jahre unfallfrei,

du sprichst, kannst, willst nicht mehr

Und rufst die Formierten,

den Schaden zu erschnüffeln,

Der Geschädigte schnüffelt auch,

erdrückt dich mit seinen Wangen

seinem Wonnelachen, Wonnebauch,

Eine schöne Politur,

eine Frischzellenkur für mein Pferdchen

sagt er und strahlt

und er weiß auch schon, wer's zahlt

und du atmest flach,

als wenn du gleich kotzt

schüttelst müde den Kopf und

zerfließt auf allen Vieren

und die Helfermenge sagt

   das kann passieren

Die Helfermenge ist gut drauf, richtig froh

nur du bist im Arsch und weißt auch wieso

zum Untermarkt, heißt es, italienisch, was essen,

nur du in der Kälte willst alles vergessen

Und irgendjemand, ob aus Ernst oder Witz,

juchzt in die dunkle Nacht

Willkommen in Görlitz !

Und dir schleift das Gemüt am Boden

vom östlichsten der Orte

und dir fehlen die Worte

Wilhelmsplatz

Fest. Gesichert. Geklickt.

So fest er kann, zieht er am Hund

der Schäfer heißt

doch im Leben nur den Volkswagen,

die Garage voller Wimpel und die

HUT

Ablageablageablageablag$E$

vom Nahen sieht

und nie ein Schaf.

Er sieht mich gehen mitten über die Wiese

mitten in der Stadt.

Die öffentlichste Wiese,

wie man sich nur eine denken kann.

Hunderte Schüler liegen stehen rauchen und raufen

auf ihr – doch erst ab acht – und noch ist es sieben.

Drum war er stehengeblieben.

Der Zeigefinger pikt gen Himmel

das Kinn gleich hinterhergereckt,

so schaut er aus,

mit seinen glatten Haaren,

wie Lehrer Lempel vor 120 Jahren.

„Nu ni !!"

bellt er – und da ich nicht antworte,

wedelt er den Finger

wie einen Scheibenwischer und blafft:

„Nein, nein, nein! Dafür zahln wir ni für dich!"

sacht er

und weder kann ich's fassen, dass dies hier

wirklich geschieht,

noch was er mir sagen will.

Zum traurigen Hund seh' ich

und der schnauft schlicht

und beim Blick zum Tier kapier ich:

Auch er weiß es nicht.

Heimatschutz

Bandenhafte Beulen in seiner Lederjacke.

DIVISION SCHLESIEN

prangt hinten drauf.

Er steigt nicht, er klettert nicht,

er legt sich in seinen Schlitten

in der Straße von Bismarck.

Lang streckt er die Arme zum Lenkrad.

Auf der Schlittenheckscheibe

ein riesiger Aufkleber

triefig, piefig, pickelhaubig

in rot, weiß, schwarz,

passend zur Bismarckstraße.

Ein Schlagring und darunter:

OSTDEUTSCHLAND

HIER BIN ICH GEBOREN - HIER WERDE ICH STERBEN

Stark, laut und groß

und doch Schiss in der Hos?

Wovor hast du Angst?

Was siehst du im Nebel zwischen deinen Ohren?

Welcher Geist soll bestehlen dich,

dein Ostdeutschland dir nehmen, sprich!

In der östlichsten Stadt

für den Osten zu werben,

ist wie in Blutschürze

unter Veganern Felle zu gerben.

Spiegel

Was ist das denn,

wenn von fünfzig Kita-Eltern

zwei grüßen?

Die Ellenbogen ausgefahren,

Kopp runter,

keine Empathie kann sprießen,

die Mitmenschen kalt vorbeifließen?

Die Spielplätze voll Neonleggins,

Kleinkinder im Flecktarn,

Papa mit nem „Fuck You"-Shirt,

Mutti öffnet's Bier mitm Eckzahn,

Klar gibt's das auch in Köpenick,

aber ich seh' es hier,

deshalb, hochverehrtes Görlitz

spiegel ich es Dir!

Mitten auf der Naschallee,

Samstagmorgen nach acht,

hat die zahnlose Kittelschürze

zwei Dosenbier schon durchgebracht,

und stammelt allen Ernstes:

„Aufn Laster mit die Polen,

ham hier nix verloren,

das is unser Markt!"

Klar gibt's das auch in Bremen-Tenever,

aber ich hör und erleb und seh' es hier,

deshalb, hochverehrtes Görlitz

spiegel ich es Dir!

Dem Opa im Stadtpark fehlt die Geduld,

der Enkel spielt

und hat an allem Schuld.

Zack kommt die Schelle,

der Kleine hält sich die Ohren,

Die Goldkrone kullert aus Opas Beutel,

fast hätt er sie verloren.

Klar gibt's das auch in Ottakring,

aber ich hör und erleb und seh' es hier,

deshalb, hochverehrtes Görlitz

spiegel ich es Dir!

Es liegt was Militantes drin,

so ein Unbedingt,

in der Mentalität,

die hier manche zwingt,

ja keinen im Verkehr vorzulassen,

um bloß nicht die nächste rote Ampel zu verpassen.

Ja, das gibt's es auch woanders,

Aber das ist nicht der Punkt,

der Gedanke, den ich versperr,

was davon in Cottbus, Rostock,

Magdeburg, Neubrandenburg,

Karl-Marx-Stadt oder Potsdam ähnlich wär.

Doch ich hör und erleb und seh' es hier,

deshalb, hochverehrtes Görlitz

spiegel ich es Dir

Geteilter Schaum ist halber Schaum

Dreißig Meter breit

fließt die Neiße zurzeit,

da es schneit

und es lässt sich kaum raten,

wie gelangweilt, wie schülerhaft

sie des Sommers entlanggurgelt

leicht kann man sie durchwaten.

Jedoch jetzt, reißend und drückend,

nimmt sie mit,

was sie kriegt,

die Plastikflaschen der Studenten,

vergessen an der Böschung,

den fliegenden Fußball der Kita,

deren Zaun keine acht Meter fern liegt

vom Strom.

Alles erwischt sie,

die Neiße,

den Müll und den Schaum und die Scheiße,

die kaum ward entlassen

in der Tankstelle drüber.

Alles kleckert los,

entlassen aus den Rohren der

achtlosen Schwestern und Brüder

Könnt' schimpfen – wer hört's?

mich beschweren – wen stört's?

Die Waschanlage, die Umweltplage

der Benz oben sauber,

der Fluss unten nicht.

Die Polizeistation am anderen Ufer

glänzt selenruhig im Morgenlicht.

Grenzdemenz

Milch such ich,

mit Kakao, fluch ich

und nich

Kondensmilch mit Espressogeschmack,

Buttermilch-Cappuccino, was 'n Kack,

Und ich kenn mich nicht aus

stammle die Konsonantenhaufen nach

auf den Packungen im Lewiatan-Markt

przcz - strzw - sczr - brzw

an der Kosciuszki Ecke Daszynkiego

Und ich merk verstärkt

wie ein Mann mich beäugt

und blöd nickt

und ich denk mir

was will er?

und er fragt

„Habt ihr den gekriegt?"

„Wen?"

„Den Volvo, den mitm Volvo!"

Und eh ich mich kopfschüttelnd vorbeigedrückt

tippt er meine Schulter an:

„Du bist doch bei Rauschgift?"

und ich sag „Ach was!" und er

„Wirklich nicht?, nicht Hermann? Na dann."

Meint er eindringlich weiter

und als ich schau,

da steht gleich neben Weichspüler

endlich Kakao.

Miss Verständnis

Am Dom Kultury Park

wird man zwar

beinahe erschlagen vom Prunkbau

doch geht es sich abseits ruhig,

abseits vom Trubel der rastlos ratternden Räder

auf dem Kopfsteinpflaster.

Entfernt nur das ungeduldige Hupen schwarzer Taxis vor den

zahllosen Mini-Banken,

die Supermärkte des Kapitals,

und die Läden drum herum,

wo reale Brötchen und Zeitungen feilgeboten werden,

scheinen nur da, sich entschuldigend,

wie Alibianstalten,

um die großen Scheine aus den Automaten

klein zu kriegen.

Bin nahe dem Flussufer,

besetze eine Privatbank.

Ein alter Mann,

trägt ein verschmirgeltes Rauchergesicht

und fragt:

„Suchst Du Mädchen?"

ich verneine

und sein Kopf geht schief.

„Suchst du Jungen?"

ich verneine und kapier mit Schmerz,

worauf er aus ist.

„Problem, Geld?"

sagt er und ich, nicht mehr sicher,

hebe die Hände,

„Nein, ich habe kein Geld"

und er zeigt auf ein Haus gleich am Park,

im Fenster ein lila Stern:

„Machen wir kein Problem ohne Geld.

Umsonst erstes Mal.

Junge David, sechzehn, ja?"

Und verstört steh ich auf und tappe

betäubt zur Brücke zurück.

Fremdwarten

Kennst du ihn denn nicht?,

fragt das Söhnchen, der

so schmerzfrei nach allem fragen kann

den ganzen Tag lang

wofür brauchen wir Gott?

warum ist heute noch nicht morgen?

er hat – zum Glück – nicht meine Sorgen

und

kennst du ihn nicht?, fragt er erneut

und ich halte seine Händchen

der Schneematsch ist kalt.

„Ich weiß nicht, wie er aussieht",

sag ich am nachtschwarzen Obermarkt.

„Aber wir warten?"

„Ja, wir warten, vielleicht hat er eine kleine Arbeit für mich."

und der Kleine sagt:

„Ich möchte nach Hause"

und dann

„Nach Berlin."

Und es zerfetzt mir das Herz

und ich knie mich hin.

mein Gesicht ist matschnass,

doch er weiß, dass ich weine,

weiß es, begreift es und krabbelt auf meine Beine,

umfasst meinen Hals

    und sagt:

„Ich kenne hier keinen."

und ich breite die Arme aus,

fang noch mehr an zu weinen,

    und sag:

„Ich weiß. Ich weiß."

Und ich atme tief durch und ich halte ihn fest

schau auf den Matschplatz und flüstere fast:

„Ich weiß. Es ist auch für mich nicht leicht,

Ich bin nicht verklemmt, bin offen,

und fühl mich dennoch scheiße fremd."

Und das Söhnchen klammert sich an mich

    und sagt:

„Scheiße sagt man nicht, Papa,

das soll man nicht machen."

Und ich halte ihn fest

und muss heftig lachen.

Ich greife ihn fester

an seinen nassen Sachen

und sage:

„Ich kenne hier auch keinen.

Aber wir müssen es machen

wie in Berlin,

Hallo sagen, sich vorstellen,

dann kriegen wir es hin.“

Und wir warten beide fremd

und der Mann kommt

nicht

Oma:

„Na, und?

Fühlst du dich schon wie ein richtiger Görlitzer?"

Dann verpiss dich doch, du Idiot

„Dann verpiss dich doch du Idiot !"

schreibt Göring 88,

„Worin liegt denn deine Not?

Geh zurück

zu deinen Salatnazis ins

linksgrün versiffte

multikulti gescheiterte Kreuzberg!"

Ich hab keine Not,

es ist mehr ein Bedauern

Nicht, weil überall Teufel lauern,

Aber weil die Weisen so leise sind,

und die Bunten so wenig,

die Kreativen weggeduckt im Versteck,

Ihresgleichen ziehen seit 30 Jahren weg.

Darum ist es nicht Ying und Yang,

das Pendel ist aus dem Anker,

und in die Leere hinein

klingt das Gebrüll wie ein tutender Tanker,

Das Schreien, das Pöbeln, das Hetzen im Schlammgeruch,

klingen überirdisch, aber sie verhallen,

fast ohne Widerspruch.

The brighter the stars

the darker the times,

History doesn't repeat itself,

but sometimes it rhymes.

Und es bleibt auch alles im Netze stehen,

von Göring88,

mit Rauhaardackel „Rudolf Hess" als Foto

„Wir kämpfen für Hitler", so sein subtiles Motto

und ich melde das Profil,

doch es scheint wie Lotto,

Reichskriegsflagge, alles egal,

und irgendwann schreibt Facebook mir mal,

„Danke fürs Melden, das hilft uns, sehr sogar,

aber das Profil verstößt nicht gegen unsere…"

Ahhh, möchte man schreien

The brighter the stars

the darker the times,

History doesn't repeat itself,

but sometimes it rhymes.

Verpiss dich doch, schreibt Göring wieder,

und ich denk:

Wie denn? Und wie lange?

Im Trilex?

mit Halt an jeder Gießkanne?

Im Trilex,

wo das W-Lan nie geht,

oder im Speed eines wandernden Gletschers lädt?

Klar fühlt man sich abgehangen,

in 50 Straßen hab ich in dreien Empfang.

doch in allen 50 bin ich fremd.

Aber – nur weil Du hier drohst,

beweg ich nicht meine Beine,

wünsch mich ruhig weg,

doch das entscheid ich alleine.

The brighter the stars

the darker the times,

History doesn't repeat itself,

but sometimes it rhymes.

Der Hetzer möchte einen

„Wehrhaften Rechtsstaat"

aber nicht gegen sich,

andern in die Fresse treten,

aber ich war's nicht.

Wir haben die Linken ja nur ein bisschen gefoltert,

das war ja nur Spaß,

und die getretene Frau war nur ein bisschen schwanger,

doch Gewalt von uns? – ach was.

Pure Neugier,

wie viel Juden und Lesben in Leipzig wohnen,

wir wollen nur Listen, würden die nie bedrohen,

Aber Merkel mit `nem Strick um den Hals,

das muss man zeigen dürfen,

ihr Versifften versteht keinen Jux,

Schluss mit den Vorwürfen!

The brighter the stars,

the darker the times,

History doesn't repeat itself,

but sometimes it rhymes.

Kleiner Garten, großer Stolz

In Görlitz-Rauschwalde

zwischen Kartoffeln und Dung

ist die Welt, bevor sie fällt,

noch ganz kurz in Ordnung

die Reihen fest,

die Karotten brav,

der Kohlrabi gut erzogen,

auf der Weide ein Schaf,

und ich bin eingeladen,

aber frei zu gehen,

beim Nachbarn seh' ich zwei Flaggen wehen,

Dynamo Dresden und Schwarz-Rot-Gold,

und ich stell mich an den Zaun,

wie nicht abgeholt,

knabber ein Beerchen

vom geordneten Garten,

der Nachbar lunzt durchs Fenster

und lässt nicht lang auf sich warten

Und ich hab nichts zu verlieren

und sag: Schön ham sers hier.

und er grient ohrenbreit,

auf ploppt sein Bier.

Er meint,

in der Innenstadt hält er's nicht aus,

und ich mach auf naiv

und mein, das versteh ich,

die Straßenbahn rattert wirklich so laut,

und er:

Quatsch, die Kopftuchgören,

so viel, dass einem graut,

Am Lutherplatz,

abends um acht noch, vielleicht!

Und ich frag:

Das halten Sie nicht aus,

da ist Ihre demokratische

Sollbruchstelle schon erreicht?

und er grummelt pampig,

Gleich gibt's Obstsalat und Scholle,

hier is man unter sich, Mensch,

das ist das Tolle.

Und ich teste seine Laune

zeige zur Flagge,

ob er wohl Fußball mag, und Dynamo,

und er meint, das sei so,

Teil der Identität,

und ich sag Aha,

aber

schwarz-rot-gold im Kleingarten,

das hab ich nie verstanden,

helfen Sie mir,

ist das, falls Ufos hier landen?

Jeder hier weiß,

dass das Deutschland ist,

wem wollen Sie das erklären,

dem Hahn auf dem Mist?

Er geht zurück zum Obstsalat und Scholle,

zieht noch grantelnd seinen Hut,

Ich sag: Guten Hunger,

Bisschen mehr Reisen täte Ihnen gut

nix

Drohende Hoffnung

Komm, Kartoffel,

roll schön rein

sagt der langhaarige Bursche

und legt alles fein.

Auf geht die Tür und

ein Hutopa schlurrt.

Suppenwürfel, Sellerie, Porreelauch und Toffifee

stellt der Alte auf das Band

zahlt und starrrrrrt den Burschen an die Wand

„Nu, was zitterst so?", fragt er

und der Junge zupft am Schal,

schaut zur Tür und meint:

„Ich dacht', es wird bald wärmer."

Der Alte schnallt die Tasche übern Ellbogen,

Gesicht verzogen,

die filterlose Zigarette verbogen im Mund

eröffnet er die neue Wunde:

„S' wird bald noch viel kälter

in Deutschland."

Der Bursch meint:

„Hamse nich angesagt"

und geht um die Ecke.

„Du weißt genau"

raunt der Hutopa

„was ich meine,

du Zecke!"

und steigt –

hat nun nichts mehr

zu erledigen –

in sein Auto, mit Fahne dran

„Gott schütze Schlesien"

Was maßt Du Dir an?

Bärenschwarze Aussicht

Wie liegt die Lage,

fragt der Wähler.

geht noch weniger,

Beteiligung?

Aggro-Laune?

Noch mehr Streit und Hetze vom Zaune?

Klar, sagt die Schaukel

und duldet den Schlamm

„Ich steh hier nur,

ich werf ja nicht",

raunt die Schaukel,

und vom Schlamm aus

werfen sich herrschaftlich

die Ballen von Dreck,

schön getrocknet mit dem Phrasenschwamm,

und dennoch mit Steinen versehen.

Da biegt sich die Lage,

eine Hanseatin glüht rein

und biegt sich noch mehr,

eine Schusterin reiht sich ein,

Und da rülpst der verpennte Wähler erstmal,

vielleicht aufstehen vom Ohrensessel,

weg vom Biathlonguckenähh?

Welch Qual !

Machen wir schwarz? Machen wir blau?

Drei von vier nehmen's gor ni so genau

Naaa, bewegen, mal denken,

mal fühlen dabei?

Ich kann nix bewegen,

machen die da oben,

muss in Garten Radieschen roden.

Doch die Damen gehen nicht weg,

die nerven nochmal,

Wie schaut's denn aus, Herr Gärtner?

fragt die Schusterin beflissen,

Hamse noch Mut übrig?

Gibt's noch'n Gewissen?

Hilft Ihnen Stacheldraht,

mehr Zaun für die Neißeente?

Macht Sie das glücklich,

oder schaun wir mal auf Ihre Rente?

Und der Gärtner sacht „Mäh"

und schaut ins Blau,

und dann leiser:

„Keine Veränderung, nu,

und ooch keene schlaue Frau."

Und drei von vieren

ist es egal,

informieren – wozu?

zu anstrengend, die Wahl.

Ich kann nix bewegen,

machen die da oben,

muss in Garten Radieschen roden.

Und die Schusterin gibt nicht auf,

man will ihr beistehen

und den Alten schnappen,

ihn nassklatschen mit seinem eigenen

Aufwischlappen aus der Bequemlichkeitslache

und ihm sagen:

Altsäckisch ist keine Sprache,

es ist eine Haltung,

eine faule Entsagung,

ein verbal gepupstes Geknüpper

aber keine Sorge,

halt still,

dann sieht man die Köttel nicht

im braunen Schlüpper.

Das Fell des Bären

Na, Tach,

ja, du hast ja geschrieben,

Na zeich ma,

tanz ma, jonglier ma,

kannst fliegen?

Weeß schon, kapier schon,

willst Aufträge kriegen.

Naja, naja,

sieht ja jut aus,

dein Jonglieren,

kannst schon schön springen,

Aber sieh ma, unser Zirkus is klein,

da passt nich noch een August rein,

Hier, hast'n Leckerchen fürs Jonglieren,

Hast fein gemacht, gut gekrabbelt auf allen Vieren.

Vielleicht kannst mal vortanzen,

aber erst nächstes Jahr,

mal schauen, werd dir schreiben,

kann das ja nicht allein entscheiden,

der Direktor, verstehst,

ist ja ein großer Zirkus, toll, gigantisch,

ein Wahnsinn, das Programm,

aber schau doch, so groß ja nu ni,

da sind schon die Kassen klamm,

is ja nich so,

dass da der Schlendrian weilt,

nee, wir sind alle knapp,

das Fell des Bären verteilt,

aber schau, du bist ja erwachsen und groß,

spielste woanders, du,

ich muss los.

Luft

„Schreibst dem Tütler

von der LZ !"

der klügste und größte,

sicher, ganz nett

Ideen haste, Vorschläge, Texte, Konzepte

       und der Tütler von der LZ schreibt

   zirp   zirp   zirp

Nach nem Monat vergehn dir

Geduld und Lust

Wie schaut's denn aus,

Herr Tütler,

wolln wir was machen?

       und der Tütler von der LZ schreibt

   zirp   zirp   zirp

Schaun's, Herr Tütler,

Görlitz – Europastadt

da fällt mir was ein

ne Kolumne

deutsch-polnisch

da steigt er ein,

ganz sicher

das frisst er,

das kapiert jeder

        und der Tütler von der LZ schreibt

    zirp   zirp   zirp

Und die Idee fließt

die Neiße entlang

über Guben, Frankfurt, Schwedt und Szczecin

so fließt sie im Fluss

und die Lust darin

Und nach vier Monaten

geht dir die Hoffnung immer noch nicht aus,

und schreibst

Na, Herr Tütler

wie schaut's denn aus?

Ne neuartige Gesprächsreihe,

mitten in Ihrer Stadt,

Über tausend Jahre alte Geschichten,

unterhaltsam verpackt,

kann man da zwei Zeilen drüber berichten?

und der Tütler von der LZ schreibt

zirp   zirp   zirp

Na, Herr Tütler

wie schaut's denn aus?

Kommen S' raus aus der **Schweigegruft?**

Ist's Unhöflichkeit oder

sind Sie kein Profi?

oder ist in der Wundertüte

nur

Luft

?

zirp

zirp

zirp zirp

zirp zirp zirp zirp zirp zirp zirp

Geräderte Dreifaltigkeit

Nacht neigt sich der Mitte zu

in der arschstillen Straße vom Moltke

nur meine Schritte hallen dazu,

ich geh am Rand,

doch ich hör auf der Mitte

    ein Rollen

ein Rad, mit Kerl,

ein zweiter, dahinter,

nervöser junger Sporn.

    Plötzlich

Technomucke von einem Dritten,

    von vorn.

Wie jung sind sie, wie stark ?

Was beäugen sie mich ?

dämlich, kläglich,

eklig ohnmächtig

steh ich

dumm am Asphalt.

Laufen, nach wem rufen ?

gemäßigt bewegen sich

meine Hufen.

Ich quere die Straße,

sie umkreisen mich stumm.

Ein Lichtschein,

ein Hausflur und

Stimmengebrumm.

„Ach lass"

sagt der Erste

in kaltem Ton

sie schnaufen und

sausen bergabwärts

davon

Würstchen

Eingerüstet klemmt das Rentnercafé

in der Altstadt zwischen Apo- und Eistheke.

zwei Dutzend rüstige Beigeopas mit Beigeomas

im Mohnkranzhimmel

auf Sahnewolken

Draußen platzt der Regen und ich

ins Café,

unterm Baugerüst rein,

nehme all meinen Mut

und verbleibende drei Taler,

ein Brot zu jagen

angesichts und angeklangt

des eierlikörschwangeren Nüninuno-Schwalls

Satt bin ich, doch Brot brauch ich

Brot brauch ich, doch satt bin ich

von Neins, Vielleichts,

verriegelten Hütten,

vom Betteln und Bitten

Und – da ! – ganz in der Ecke sitzt

ein Freund aus Berlin

mit zwei Kindchens

Ich setz mich mit hin

doch er ist es nicht,

obwohl er's von den Augen sein muss.

   Yahya aus Damaskus

Und da seh ich noch hin

und denke an ihn

Und ich schrumpfe am Tisch

werd klein wie ein Sprottenfisch

haariges Handbürstchen

Nürnberger Bratwürstchen

     das bin ich

ein Würstchen gegenüber ihm,

der so viel verlor,

die Heimat, Karriere,

die halbe Familie.

Was weiß ich von Verlust,

vom Fremdsein-Frust,

hat mich das Leben so bedrängt,

hab ich meinen Arsch in ein Boot gezwängt?

Wer bin ich, dass ich's wage,

das zähe Görlitz beklage

und im Zynismus meiner Scheiße

    sag „Ach Du Neiße"?

      Ein Würstchen.

Und ich schreibe Yahya und er versteht

und wir reden so lange,

bis es uns beiden besser geht.

und ich frag, wie man **nicht** als Würstchen vergeht,

      und er sagt:

durch versuchen, und indem man aufsteht.

Ach, was gäb ich drum

Ein Einkaufshaufen

aufs Band gelegt,

die Addierhilfe grüßt nicht,

bleibt unbewegt

der Automat schnalzt

schluckt meine Karte,

speit sie retour,

ich zieh sie hinaus

    und

   „NU NIIII !!!"

keift die edle Dame hinterm Gerät

„Doch", sage ich und

zeige drauf

„Zahlung erfolgt"

und wage zu ergänzen:

„Wie reden Sie mit mir?"

und schau in ihre Augen

gelangweilt, grau, klein,

und erkenne:

Sie begreift gar nicht,

was ich mein.

Ach, was gäb ich drum, Görlitzer,

wenn ihr euch nicht grob anstänkert

einen anseht, einfach nickt

und nicht mit 80

am Zebrastreifen vorbeihämmert.

Der Postautodiesel

nagelt vor Mittag

Ich hör ihn Zettel stecken

im Flur

Ich öffne, sag:

„Moin, ham se auch was für mich?"

Und er mit Lippengepresse, eine Fresse

und eine Laune am Mann,

dass man zwei draus machen kann,

geht ohne Antwort,

ballert hinfort

Auf dem Zettel im Brieffach

prangt „Nicht zu Hause"

aber abholen müssen Sie 's

am Arsch der Stadt,

da is man schon vor dem Mittag satt.

Ach, was gäb ich drum, Görlitzer,

wenn ihr euch nicht grob anstänkert

einen anseht, einfach nickt,

und nicht mit 80

am Zebrastreifen vorbeihämmert.

Die Flasche stumpf ins Gras gekickt

beim kleinsten Augenbrauenzucken geblickfickt,

im Rückspiegel ein kalter Schweigeschwall,

und im Kreisverkehr beinahe ein Auffahrunfall

Heckaufkleber mit Pistole,

don't touch my car!

Meine Güte, Junge,

bist für dich selbst 'ne Gefahr!

Ach, was gäb ich drum, Görlitzer,

wenn ihr euch nicht grob anstänkert

einen anseht, einfach nickt,

und nicht mit 80

am Zebrastreifen vorbeihämmert.

Ich trage meinen Burschen

quer durch den Park,

er pfeift und jauchzt,

so wie er's mag

meine Schultern wackeln

wie beim Dromedar

wir werden eines drohenden Fingers gewahr,

der hängt an ´nem Alten, der bläkt, uns im Weg:

„Der Bengel kann doch alleene laufen,

hat jesunde Beine"

und ich kotz ihm vor die Füße:

„Das entscheid ich alleine!"

Ach, was gäb ich drum, Görlitzer,

wenn ihr die andern mal LASST !

wenn ihr einmal entspannt wärt,

nicht mit den Augen einen gleich erschießen,

einfach beim Bäcker morgens mal grüßen,

ein bisschen Durchatmen

und ein wenig Geduld,

s' hat nich jeder ein' Korb voll Glück,

versteh ich,

aber das is nicht meine Schuld.

Ist es so, so schlimm,

mal Mensch zu sein?

Wenn der Letzte hier wegzieht,

seid ihr endlich allein.

Test Ost Teron

Der OB-Wahlabend legt sich schlafen,

am Wirtshaus zur Altstadt,

wo ich entlangsäume

Bläulicher Siegesdunst

umwittert die Bäume,

ich räume den Parkplatz daneben

an meinem Auto war was kleben,

nicht in blau,

Der Sicherheitsexperte sieht's genau

Er strafft sich am Fenster und

will mir was knurren oder sprechen,

sein weißes Hemd gestärkt,

als würd es gleich brechen,

„Verpiss dich, Zecke, scher dich weg!"

Vor der Kneipe stehen Lachende,

und doch lachen sie mit solch einem Kesseldruck,

bei dem nichts Grünes mehr sprießt,

Im Grinsen eine Handkantenhäme,

dass die Neiße aufwärts fließt.

eine Blockwarthäme,

dass ich mich,

ohne selbst Grüner zu sein,

für ihn grün schäme.

Und ich denk bei mir:

Ihr habt gewonnen,

doch so, wir ihr stiert –

was macht ihr nur,

wie seid ihr erst drauf,

wenn ihr verliert?

Doch ihr werdet nicht verlieren,

und die CDU kommt zum Paktieren.

Postplatz

Am Postplatzbrunnen,

noch vor elf,

die Wolken dick,

die Jungen dünn,

man sieht kalten Schweiß

zehn Meter weit hin,

bei dreißig Grad friert ihr zu zweit,

ihr hängt tippelnd auf der Bank

und seid doch so weit,

Ihr schämt euch vor den Leuten,

und sie sich vor euch,

niemand reagiert,

nur in euch das Zeug,

Oh Mann, ihr Burschen, es tut einem weh,

Euch streichelt nur der Dealer übers Portemonnaie

die Adern pulsieren,

es zittern die Beine,

ein kristalliner Blick,

Pupillen wie Mühlsteine,

Versuch, aufzustehen,

aber nicht alleine.

Meth statt Mathe,

Speed statt Sport,

Was immer ihr hattet für eine Schicht,

ihr geht nur in Gedanken,

doch zur Schule heute nicht.

Ihr schämt euch vor den Leuten,

und sie sich vor euch,

Nein, niemand reagiert,

nur in euch das Zeug,

Oh Mann, ihr Burschen, es tut einem weh,

Euch streichelt nur der Dealer übers Portemonnaie

Naja, naja,

der Alex will nur helfen,

weiß es ganz genau.

Pass auf,

du bist ein richtiger Görlitzer, wenn du

a) „Nu" sagst
b) „Machocke"
c) und wenn du Görlitz scheiße findest

lux

lux ex orient

Mit sechzehnhundert Sachen

gießt sie Licht auf alle Welt

Tropft Tagesfunken über Japan,

wenn man in Vetschau

noch den Wecker stellt.

Saust sengend durch die Mongolei,

zum Aralsee und den Altai

vom Kaukasus zum Schwarzen Meer

die Donau lang,

gleißt immer näher

Die Landeskrone ahnt sie schon

im Riesenbergland fluten,

bis endlich sie zur Neiße strömt

verkrümeln nur Minuten

Ein Leuchten über Görlitz dann

gleichauf den Neißeauen –

wenn westwärts tief die Himmel röteln,

purpur schlummern, fliedern dösen –

doch lange noch nicht blauen.

Der Brocken lunzt zur Tieflandsbucht

nach Kamenz hin, und kündet,

dass bald im ganzen Schlummerland

ein neuer Tag beginnet.

Sie überglänzt die Kasseler Berge,

das wellig waldige Hessen entlang,

und wird im Handumdrehen dann

vom Rheinland schon empfangen

Was dann in Aachen, Mönchengladbach,

im Elsass klärt sich auf,

nimmt Tag für Tag vor unsrer Tür

den öffnend östlichst ersten Lauf

Bibo

Ein Hauch von Welt

geht mensen am Mittag

Der Vorplatz gediegen überdächelt,

während einem drinnen

der Ventilator friedlich zufächelt

und es nicht nur sächselt und berlinert,

sondern auch britelt, polnelt und tschechelt

und der Mitarbeiter freundlich lächelt,

Sie reden von Dresden, Prag, Berlin,

von Auto und Zug, Praktikum in Wien,

Prüfung in Zittau,

und „Dann geht's ab!"

Sie wollen nichts von der Stadt,

und die nichts von ihnen,

wollen sich hier keine Lorbeeren verdienen,

So gemütlich die Sessel,

so stark der Kaffee,

so weich die Neiße lässt sich treiben,

sie reden von allem,

aber nicht vom Bleiben.

In Veranda veritas

Im Wohnhaus ein Leuchten,

das wir dringend öfter bräuchten,

Ein Wein an der Tür,

Herzlich willkommen,

„Hier, von meiner Frau und mir"

Frühling im Herzen,

im Haus schon lange,

Kindliches Getobe

Sonntags Gesange

Schokohase vor der Tür,

Klavierspiel nachmittags um vier

einfach Atmosphäre,

kein dummes Gefrage kommt in die Quere

kein Wieso, warum,

keine Notwendigkeit

irgendeiner Entschuldigung.

Na schau mal an, Görlitz,

es gibt sie, zuhauf,

es gibt sie, die grüßen,

noch vor dem Morgenlauf,

die Pakete annehmen,

auf andere achten,

die ihr eigenes Glück

nicht nur bis zur Schwelle pachten

Es gibt sie, zuhauf,

auch draußen, in der Stadt,

sie erhellen den Blick und

ziehen mit ihrem Lächeln mir

die Zornesstirn glatt

Die dulden, und missgönnen

einem nicht unterm Nagel den Dreck

und jaulen,

„Die Berliner kaufen unsere schönen Häuser weg!"

Es sind Exemplare,

die sich um andere scheren,

und nicht nur beim Bäcker

Fünf Semmeln plärren

Exemplare,

die den Kopf auch mal heben,

lassen einen freundlich

leicht übern Gehweg schweben

Die Erzieherin,

die nicht wie die Kassiererin,

weil man was kauft, schmeichelt,

sondern nachfragt und dem Kind

grundlos und doch bewusst

übern Kopf streichelt

Der Tellerrand weit,

Kleider bunt,

Mitmenschen, gescheit,

Gepflegt an Tischen sitzen,

es muss kein Handy stören

auf Herzhöhe begegnen,

richtig zuhören

offen denken,

offen sprechen,

ja, das ist möglich

zwischen Flüssen und Bächen

zwischen Altstadt und Heim

wo sich die Wahrheit gezeigt,

sie ist nicht schwarz-weiß,

sondern farblich weit verzweigt

Und so fließt auf des Nachbars Terrasse

zum Tee Erkenntnis in die Tasse

Bevor man die Klarheit vergeigt

und alles schwarzsieht

ist es Zeit,

dass man die Helle sieht

und die Helle benennt

und sich vor anständigen

Menschen verneigt

Komm, sagt Herr Mixel

Komm, sagt Herr Mixel

und fragt nicht mehr

nicht nach woher und wann

und ich frag

soll ich was machen,

was zeigen, mich beugen, erklären

und er meint

Nein, steig mit ein,

alles darf sein,

nimm das Mikro und

    komm

 erzähl uns was

und ich nehme das Mikro

und alle ham Spaß.

und Mixels Blick ist

    frei

Das Schloss nicht verschlossen

die Hand ganz offen

er klatscht mit den anderen

mit offenem Mund

„Blitzgescheit“, sagt er

und es klingt nicht nach

Neid

stellt sich nach hinten

aus freien Stücken,

schiebt mich am Rücken,

Er schaut in der Runde

hin und her

dann nickt er mir zu

Komm,

erzähl mehr !

Probieren

Nu, Autor sind Sie?

Na, is doch fein.

    Was?

Bei uns lesen, im Sankt Blasius?

na, das geht nicht,

    nu, nü, ni,

das versteht sich,

dass Sie ja keiner kennt,

    oder?

Kennt Sie wer?

    Wer?

Fällt Ihnen die Antwort schwer?

Wo kommen Sie her?

    nu, nü, ni,

In Görlitz kennt Sie wohl niemand,

da machen wir nix.

    nu, nu,

Aufstrebende Kleine,

sehen Sie,

kommen durch Lesungen auf die Beine,

aber nicht bei uns.

Ich geh weiter,

zu Hinz und Kunz

ein gemütliches Haus,

mit Sesseln und Couch,

Die Buchhändlerin zieht die Nase krauß,

Niest in die Sonne

und bittet mich rein.

Darf's ein Kaffee sein?

Ach, Autor bist du, fein.

Na zeig doch mal her,

aha, aha, schau an, schau an,

da machen wir wat!

Neu und fremd in der Stadt?

Na, das kann sich ändern.

Weißte,

Aufstrebende Kleine

kommen durch Lesungen auf die Beine,

ohne ist meist schwer,

sag ich dir.

Deine Sache gefällt mir,

da lieste hier!

Kein Haken,

kein Betteln,

kein Beschiss

    und

kein Diskutieren

mit gefärbter Brille,

Einfach Lächeln

    und

    Sympathie

    und

    Wille

Berzdorfer See

Zanderlich

Schollenlich

Saiblinglich

Hechtlich

Plötzlich ein See.

gewiss, nu freilsch,

nischt mit Gischt,

ein Lüftchen lässt den Drachen

noch steh'n,

kein Brausen,

keine Sturmstärke zehn

kein Wustrowind,

Kein Dierhagenklagen der Mukranmöwen,

Kein Warnemündefischbrötchenstand

kein Kühlungsbornsofteis

kein Dorngebüschkreuzotterzischen bei Born

Kein Sturzsturm oder Prerowwellen

stattdessen ein Tröpfeln von rostigen Quellen

auf spitzen Steinen

ein buhahahaHafen,

nun ja, ein … „Hafen".

Immerhin zwar keine Stubbenkammerkreidewand

doch Sand.

Hand fand Sand

Atem fand Himmel

Ohren Stille

Bauch fand Luft

Lunge keinen Salzduft,

doch Auge fand Wasser

und Herz Wärme.

Mensch

Schulter

Ellenbogen

Handgelenk

Haltung und Blick

alles gerade

Gerade grüßt Matthias thekeneinwärts

im Studio der Selbstpolitur

nebst

Hechelhalle,

Strampelstand,

Dünstungskammer

Kraftsaal

und Röstruhebett

„Hab gelesen von Dir",

sagt er,

„wo Du alles warst!

Kannst ja 'n Buch drüber schreiben!",

sagt er, und ich soll mit ihm an der Theke bleiben.

Und ich sehe in seinem Blick

nichts. Nichts außer Klarheit.

„Mensch!", sagt er, und ich

schau ihn an und

meine Schultern,

Ellenbogen,

Handgelenke

werden gerade

und mein Blick

schaut klar, ohne Trick

und ich nicke und

sag lachend zurück:

„Mensch!"

Kulturhauptstadt

Vielleicht muss man's ja nicht versteh'n,

warum ne Stadt zum großen Titel schielt,

die nen wunderschönen Stadtpark hat,

in dem fast keiner spielt,

wo die Büsche vermüllt sind

die Bänke von Messern zerschnitzt,

die Klos geschlossen oder mit Kaugummi verklebt

und in dem kaum ein einziges Café überlebt,

In der Altstadt, Nikolaizwinger,

stolz in Szene gesetzt,

herrlicher Park,

doch 20 Bänke unbesetzt,

Eine Stadt,

die nun wahrlich nicht jeder versteht,

EU-geförderte Museen,

in die fast niemand geht,

stolze Naturkunde – ein Touristenmagnet !

in dem nicht ein Schild auf Englisch steht.

Eine Kulturhauptstadt,

wo es an Kultur heftig krankt,

ein tolles Theater,

das jährlich ums Überleben bangt.

Demographie und Ignoranz

im toxischen Tango

sie zertanzen ihre Schuhe

und es zeigt sich der Verlauf,

es tauchen bei Events stets

dieselben 50 Nasen auf.

Eine Stadt, die den Wegzug

statistisch schönbiegt,

und man samstags im Zentrum

nach vier nichts mehr kriegt.

Ein Wilhelmsplatz mit riesigem Grün,

über Monate eingezäunt,

das ergibt keinen Sinn,

das muss man reinhalten,

krähen die Alten,

wie eine outdoor Vitrine,

nur ansehen, die Hasen,

hinter Zäunen und Knoten

aber nicht auf den heiligen Rasen,

betreten verboten

Das Stadtkind Jakob Böhme,

bedeutender Denker,

doch 99 von hundert fragen:

Wer war das, zum Henker?

Eine Stadthalle, ein Geisterhaus,

die spaltet statt vereint,

muss man auch nicht versteh'n,

auf Teufel komm raus aufbauen!

um dann wen zu sehen?

Statt sich militant

um das Unbedingt zu scheren,

könnte man ja das Wie erst mal klären.

Eine Hochschule,

die um sich selber kreist,

anständig, doch im Stadtbild verwaist,

Könnte man stolz drauf sein,

darf man meinen,

doch den Bürgern ist's egal,

die machen ihre Forschung,

lassocke ma,

Intellektülle? Sind suspekt!

bisschen rechnen und schreiben,

säuseln nur Stuss,

bei uns is gemütlich mit Roland Kaiser Schluss.

Eine Kulturhauptstadt,

die sich selber nicht mag,

sich europäisch gibt,

aber bei Wahlen verzagt,

Kulturhauptstadt,

die sich selber nicht mag,

will groß sein?

Es gibt nicht mal einen Zug nach Prag!

Wär's nicht traurig,

dann wär's zum Lachen,

Görlitz ist stolz auf die falschen Sachen,

was soll das Einheimsen von Wehrmachtspfründen,

mit Soldatendenkmälern,

die in Berlin keine zwei Stunden stünden,

es liegt kein Wert darin,

Schlagerstars in ne Brauerei zu kriegen,

und es ist auch keine Leistung dran,

an irgendeinem Meridian zu liegen.

Der Fluss war schon da

und das Gründerzeitviertel,

das ist doch heut nicht erst gebaut,

stolz ist man auf was Erreichtes,

nicht auf Herkunft oder Land,

kann Sylt stolz sein auf den Sand?

Wenn, dann ist es Zeit,

dass ihr dem Menschlichen vertraut,

Identität und Herkunft

sind nur Schall und Rauch,

Und Kirchen und Rummel

gibt's woanders auch.

Und ein Titel mehr,

macht den Kohl nicht fett,

unbezahlbar wird das Land,

wenn man sagt:

Boah, da waren die Leute nett!

Doch so was muss wachsen,

Haltung braucht ne Weile,

das gibt's nicht im Baumarkt

wie Schrauben und Seile,

das muss wachsen

mit Geduld

und bei vielen Leuten

auch mit Streetworkern, Coaches und Therapeuten

denn die Gardine hängt,

der Schreibblock für Falschparker bereit,

der Rasen steht genau,

doch man steht nicht zum Grün

und wählt lieber blau,

Die östlichste Stadt,

von Wessis hochgelobt und hochgeschrieben,

die sich selber nicht mag,

sich europäisch gibt,

aber bei Wahlen verzagt,

Eine Stadt,

die sich selbst nicht kennt,

und die vielleicht

im lahmen Zug, im lahmen Netz und

in lahmer Haltung

die Zukunft verpennt.

Wenn die Buchläden zumachen

habt ihr's geschafft,

klappt die Bürgersteige hoch

und alles schläft vor acht.

Stadthalle

Schhhhhh,

schhhhhhh,

wuschhhhh,

wuschhhhh,

fünf, sechs, sieben, acht,

wir gleiten und gleiten

jede Nacht

wir wischen die Halle

und jeden Flur,

uns kennt jeder,

die deutsche Leitkultur,

Heino singt das Schlesierlied,

Helene Atemlos,

sie singen stets leise

nach zwölf Uhr

sie wischen die Halle

und jeden Flur,

sie singen,

die deutschen Schlagermeister,

draußen rattert die Straßenbahn

über die Brücke voller Geister

In der Tür zwei Gestalten,

Herr Schaukel und Gropalla,

Wann öffnen wir?

fragt Herr Schaukel,

mein Abiball, so schön…

Das geht nur nachts,

sagt Gropalla,

das musst du versteh'n.

die Halle ist alt,

älter als alt.

Sie haben sich Bohnerlappen umgeschnallt

und gleiten und gleiten,

wuschhh, wuschhhhh

und Herr Schaukel träumt:

Ich wünscht, mit den

Versifften wär endlich Schluss,

dann bräuchten wie hier keinen fragen,

eröffnen wieder, niemals schließen,

Großereignisse nach Görlitz tragen,

Olympiade im Pistolenschießen,

Herr Gropalla staunt:

Meinst du wirklich,

wir können die Halle vier Mal füllen im Jahr?

mit ´nem Parteitag gar fünf?

Das lohnt sich bestimmt,

aber bist du dir sicher?

Und Herr Schaukel nickt heftig:

Ganz gewiss,

so sicher, wie Dein Name polnisch is.

Und Gropalla jault:

Nee, der is schlesisch

und Heino lacht:

Dann ist Schimanski Schwedisch.

Und alle lachen,

es fließt der Likör,

doch die Gläser zerbrechen

und laufen aus,

sie trinken auf Großes

im Geisterhaus

Schhhhhh,

schhhhhhh,

wuschhhhh,

wuschhhhh,

fünf, sechs, sieben, acht,

wir gleiten und gleiten

jede Nacht

wir wischen die Halle

und jeden Flur,

uns kennt jeder,

die deutsche Leitkultur.

Obermühle

Kein Meer, kein Salz

aber Rauschen, kein Wind,

aber immerhin ein Schwappen und Schmatzen von Booten

am Steg.

und plötzlich knackt die Sonne raus,

am Viadukt, da droben

und meine Laune steigt noch mal

um zehn Prozent nach oben

sehr mickrig nun die ironische Glut

der sarkastische Geist, die verzweifelte Wut,

und vom Rauschen aufgebauscht – geht's mir

      auf einmal gut

Und dann bist du

zufrieden, glücklich, beruhigt ?

sicher nicht. ganz sicher nicht.

Aber du spürst Wärme und siehst

      Licht.

Inhalt

Ach, was gäb ich drum

Test Ost Teron

Postplatz

Lux ex orient

Bibo

In Veranda veritas

Komm, sagt Herr Mixel

Probieren

Berzdorfer See

Mensch

Kulturhauptstadt

Stadthalle

Obermühle

post scriptum

Berlin kann jeder – Görlitz ist was anderes

Unter diesem Banner flattern die Verse, die Leserinnen und Leser einladen, Szenen, Gefühle und Spannungen in der östlichsten Stadt Deutschlands zu erleben, wie sie ein sensibler freiheitlich intensiv gereister Mensch (*überstudierter Gutmensch-Idiot*, würde es mancherorts heißen) erfahren kann.

Der Text versteht sich als künstlerische Verarbeitung eines Ankommens, eines Staunens und Erfahrens.

So wie der Textkörper sich organisch auswächst, soll er weder Anmaßung, Herablassung noch Abrechnung sein – sondern kritisches Betrachten einer herausfordernden Mentalität und Wachsen des Horizontes, ein Werden.

© **Robert Oswald, Wien**

Carsten Schmidt, Dr. phil., geb. 1978, studierte Deutsch, Englisch und Geschichte in Rostock, Potsdam und Bradford (UK). Als Übersetzer, Texter und Konzepter arbeitet er für Agenturen und Privatkunden. Er lektoriert Buchprojekte für AutorInnen und Verlagshäuser in der Schweiz, Österreich sowie Deutschland und arbeitet als Schreibtrainer.

Seit 15 Jahren ist er mit eigenen Texten auf Lesebühnen zu erleben. Gedichte und Kurzgeschichten fanden Aufnahme in Anthologien; für Kulturmagazine verfasste er über 200 Rezensionen.

Bisher vom Autor erschienen:

- „Felix Weltsch, Kafkas fast unbekannter Freund" literarisch-historische Biographie, K & N 2010

- „Fünf und 40 Kolumnen – Die Morgenstoern-Sammlung", epubli 2018

- „Glück A-Z" – Essayband, Duden Verlag 2018

- „Ausgekafkat", Gesellschaftsroman, Drava 2018

Druck:
Customized Business Services GmbH
im Auftrag der KNV-Gruppe
Ferdinand-Jühlke-Str. 7
99095 Erfurt